Johnny Unitas

LOS MEJORES MARISCALES DE CAMPO

Peyton Manning

MIEMBROS DEL SALÓN DE LA FAMA DE LA NFL

LOS MEJORES MARISCALES DE CAMPO

JOE TISCHLER

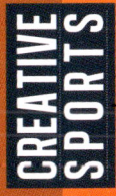

Otto Graham

CREATIVE EDUCATION / CREATIVE PAPERBACKS

Publicado por Creative Education y Creative Paperbacks
P.O. Box 227, Mankato, Minnesota 56002
Creative Education y Creative Paperbacks
son sellos de The Creative Company
www.thecreativecompany.us

Diseño y producción de Blue Design (www.bluedes.com)
Dirección artística de Rita Marshall

Imágenes de Getty Images/Andy Hayt, 29, Bill Eppridge/Time Life Pictures, 7, Focus On Sport, 6, 7, 15, 17, 19, George Gojkovich, 22, Gregory Shamus, 7, Jeff Gross, 30, KARL MONDON/MediaNews Group/Bay Area News, 2, Kidwiler Collection, 7, 18, Michael Zagaris, 6, Mike Powell, 26, NFL/Pro Football Hall Of Fame, 6, Otto Greule Jr, 21, Popperfoto, 25, RHONA WISE, portada, 4-5, 32, Rob Brown, 9, TIMOTHY A. CLARY, 6; Wikimedia Commons/Gonzo fan2007, portada (fondo), Harris & Ewing, 11, Malcolm W. Emmons, 1, Mass Communication Specialist 1st Class Jennifer A. Villalovos, USN, 28, dominio público, 3, 12, 14, Tenschert Photo Co Washington, D.C., 10

Se ha hecho todo lo posible por contactar con los titulares de los derechos de autor del material reproducido en este libro. Cualquier omisión será rectificada en impresiones posteriores si se notifica al editor.

Copyright © 2026 Creative Education, Creative Paperbacks
Derechos de autor internacionales reservados en todos los países.
Ninguna parte de este libro puede ser reproducida de ninguna forma sin permiso escrito del editor.

Names: Tischler, Joe, author.
Title: Los mejores mariscales de campo / Joe Tischler.
Other titles: Greatest quarterbacks. Spanish
Description: Mankato, Minnesota : Creative Education and Creative
  Paperbacks, [2026] | Series: Creative sports: miembros del salón de la
  fama de la nfl | Includes index. | Audience: Ages 8-12 | Audience:
  Grades 4-6 | Summary: "Photo-driven, stat-filled, and translated into
  North American Spanish, this middle-grade NFL title showcases 11 of pro
  football's greatest quarterbacks enshrined in the Hall of Fame, from
  Sammy Baugh and Joe Montana to Brett Favre and Peyton Manning"—
  Provided by publisher.
Identifiers: LCCN 2024054080 (print) | LCCN 2024054081 (ebook) | ISBN
  9798889899150 (library binding) | ISBN 9781682779552 (paperback) | ISBN
  9798889899945 (ebook)
Subjects: LCSH: Quarterbacks (Football)—United States—Biography—Juvenile
  literature. | Football—United States—Juvenile literature. | National
  Football League—Juvenile literature.
Classification: LCC GV939.A1 T5718 2026 (print) | LCC GV939.A1 (ebook) |
  DDC 796.332092/2 [B]—dc23/eng/20241216
LC record available at https://lccn.loc.gov/2024054080
LC ebook record available at https://lccn.loc.gov/2024054081

Impreso en India

CONTENIDO

Introducción 8

Sammy Baugh 10

Otto Graham 12

Johnny Unitas 14

Roger Staubach 16

Fran Tarkenton 18

Joe Montana 20

John Elway 22

Dan Marino 24

Steve Young 26

Brett Favre 28

Peyton Manning 30

Índice 32

TIEMPO FUERA

Funciones del mariscal de campo 15

Cambios en la posición 18

Todo en la familia 30

INTRODUCCIÓN

Sólo quedan 39 segundos del Super Bowl XXIII (23). Los San Francisco 49ers tienen el balón en la yarda 10 de los Cincinnati Bengals. Van perdiendo 16–13. En el momento del snap, el mariscal de campo de los 49ers Joe Montana se deja caer para pasar. Lanza y golpea a John Taylor en la zona de anotación. ¡Touchdown de los 49ers! Es la tercera victoria de Montana en el Super Bowl.

Los mariscales de campo de fútbol americano son algunos de los jugadores más importantes de todos los deportes. Combinan un fuerte brazo lanzador con una rápida toma de decisiones y concentración mental. Son líderes. Todos los mariscales de campo que juegan en la Liga Nacional de Fútbol Americano (NFL) están en la cima de su juego. Pero sólo unos pocos pueden ser considerados miembros del Salón de la Fama.

El Salón de la Fama del Fútbol Profesional rinde homenaje a 378 jugadores, entrenadores y colaboradores del deporte en el pasado. De ellos, poco más de 30 son mariscales de campo. Este libro destaca a 11 mariscales de campo del Salón de la Fama cuyas carreras llegaron más allá. Esta lista no es una clasificación. Los jugadores están ordenados por el año en que fueron consagrados.

Joe Montana

SAMMY BAUGH (1914–2008)
MARISCAL DE CAMPO/PROFUNDO/DESPEJE
TEMPORADAS DE LOS WASHINGTON REDSKINS: 1937–52
CLASE DEL SALÓN DE LA FAMA: 1963
PREMIOS/HONORES: MIEMBRO DE LOS EQUIPOS DEL 75/100 ANIVERSARIO DE LA NFL, 6 VECES PRO BOWL, 8 VECES ALL-PRO (4 VECES PRIMER EQUIPO), EQUIPO DE LA DÉCADA DE 1940 DE LA NFL, 2 VECES CAMPEÓN DE LA NFL

SAMMY BAUGH

Uno de los mejores atletas de la historia de la NFL fue Sammy Baugh. Fue una estrella en la defensa y un despeje estrella. Pero, sobre todo, era un mariscal de campo increíble. Baugh fue uno de los primeros pasadores puros de la NFL. En su primera temporada, en 1937, "Slingin Sammy" lideró la liga en pases completados y yardas. Fue el único mariscal de campo que lanzó para más de 1.000 yardas esa temporada. Llevó a Washington a una sorprendente victoria sobre los Chicago Bears en el partido por el campeonato de la NFL. Baugh lanzó para 335 yardas y 3 touchdowns. Las 335 yardas de pase se mantuvieron como récord de novato de la NFL hasta 2012. En 1942, Baugh y los Redskins volvieron a derrotar a los Bears en el campeonato de la NFL.

Baugh tuvo una de las mejores temporadas individuales en 1943. Como mariscal de campo, fue segundo de la liga con 1.754 yardas de pase. Como profundo, lideró la liga con 11 intercepciones. La temporada de la NFL sólo duró 10 partidos en 1943. Como despeje, promedió casi 46 yardas por lanzamiento, liderando la liga. Incluso logró un lanzamiento de 81 yardas. Cuatro veces en su carrera, Baugh lideró la liga en yardas de pase. Cinco veces lideró en promedio de lanzamiento. Consiguió 31 intercepciones a lo largo de su carrera. Dejó de jugar como defensa tras la temporada de 1945.

Cuando se retiró en 1952, Baugh había establecido 13 récords de la NFL. En 1963, formó parte de la primera promoción del Salón de la Fama del Fútbol Profesional.

LOS MEJORES MARISCALES DE CAMPO

OTTO GRAHAM

OTTO GRAHAM (1921–2003)
MARISCAL DE CAMPO
TEMPORADAS DE LOS CLEVELAND BROWNS: 1946–55
CLASE DEL SALÓN DE LA FAMA: 1965
PREMIOS/HONORES: MIEMBRO DE LOS EQUIPOS DEL 75/100 ANIVERSARIO DE LA NFL, 5 VECES PRO BOWL, 9 VECES ALL-PRO (7 VECES PRIMER EQUIPO), EQUIPO DE LA DÉCADA DE 1950 DE LA NFL, 3 VECES JUGADOR MÁS VALIOSO DE LA NFL, 2 VECES JUGADOR MÁS VALIOSO DE LA AAFC, 3 VECES CAMPEÓN DE LA NFL, 4 VECES CAMPEÓN DE LA AAFC

Antes de la era del Super Bowl, Otto Graham fue el primer gran ganador del fútbol americano profesional. Jugó 10 temporadas. En cada una de ellas, llevó a los Cleveland Browns a un partido por el campeonato de liga. Siete veces ganó. La carrera futbolística de Graham comenzó en 1946. Los Browns formaban parte de la Conferencia All-América de Fútbol Americano (AAFC). Graham llevó a los Browns al título de liga ese año. Volvió a hacerlo los tres años siguientes. Cleveland pasó a la NFL en 1950. Los equipos de la NFL no tenían muy buena opinión de los Browns y de su posición en la liga "menor" de la AAFC. Graham demostró a los críticos que estaban equivocados. Los Browns ganaron el campeonato de la NFL en su primera temporada en la liga. Graham lanzó cuatro pases de touchdown en el partido por el título.

En las 10 temporadas de Graham, lideró la AAFC o la NFL en yardas de pase 5 veces. Cinco veces lideró el índice de pasadores. Tres veces lideró en pases de touchdown. Con Graham, los Browns tuvieron un asombroso récord de 105–17–4. Graham ganó campeonatos de la NFL en sus últimas dos temporadas, en 1954 y 1955. En el último partido de su carrera, corrió para dos touchdowns y pasó para otros dos.

Antes de su carrera profesional en el fútbol americano, Graham jugó al baloncesto profesional con los Rochester Royals de la Liga Nacional de Baloncesto (NBL). Promedió más de cinco puntos por partido. Rochester ganó el título de la NBL. Graham jugó 11 temporadas en deportes profesionales y ganó ocho campeonatos.

JOHNNY UNITAS

JOHNNY UNITAS (1933–2002)
MARISCAL DE CAMPO
TEMPORADAS DE LOS BALTIMORE COLTS: 1956–72; LOS SAN DIEGO CHARGERS: 1973
CLASE DEL SALÓN DE LA FAMA: 1979
PREMIOS/HONORES: MIEMBRO DE LOS EQUIPOS DEL 50/75/100 ANIVERSARIO DE LA NFL, 10 VECES PRO BOWL, 8 VECES ALL-PRO (5 VECES PRIMER EQUIPO), EQUIPO DE LA DÉCADA DE 1960 DE LA NFL, HOMBRE DEL AÑO DE LA NFL, 3 VECES JUGADOR MÁS VALIOSO DE LA NFL, CAMPEÓN DEL SUPER BOWL, 2 VECES CAMPEÓN DE LA NFL

Johnny Unitas era un hombre que se negaba a abandonar. Esperó hasta la novena ronda para ser seleccionado en el Draft de la NFL de 1955 por los Pittsburgh Steelers. Pittsburgh lo dejó libre antes de que empezara la temporada. Pasó la temporada de 1955 jugando al fútbol semiprofesional por 6 dólares el partido. Los Baltimore Colts volvieron a probar a Unitas antes de la temporada de 1956. Esta vez, entró en el equipo. Fue titular por primera vez como mariscal de campo durante la temporada. Se convirtió en titular en 1957.

Unitas se convirtió en una estrella en 1958. Los Colts llegaron al partido por el campeonato de la NFL. Iban por detrás de los New York Giants 17–14 al final del partido. Unitas completó un pase tras otro en el campo para marcar el gol que empataba el partido. Esto forzó la primera prórroga en la historia de la NFL. En la prórroga, Unitas condujo a los Colts 80 yardas hasta el touchdown ganador. El partido fue llamado "El mejor partido jamás jugado". Unitas y los Colts volvieron a ganar el título la temporada siguiente contra los Giants. Unitas ganó su primer premio al Jugador Más Valioso (MVP) de la NFL en 1959. En 1960, se convirtió en el primer mariscal de campo de la historia de la NFL en lanzar para 3.000 yardas en una temporada. Cuatro veces lideró la liga en yardas de pase. Otras dos veces obtuvo el MVP de la NFL (1964, 1967).

Unitas se convirtió en el primer mariscal de campo en pasar más de 40.000 yardas en su carrera. Lanzó 290 pases de touchdown en su carrera. Lanzó al menos 1 pase de touchdown en 47 partidos consecutivos. Fue un récord que duró más de 50 años.

FUNCIONES DEL MARISCAL DE CAMPO

Si un equipo tiene un mariscal de campo de élite, ganará muchos partidos. Los mariscales de campo son los líderes del ataque. Dirigen las jugadas en el huddle. Tocan el balón en casi todas las jugadas. Los mariscales de campo se alinean directamente bajo el central, que es quien conduce el balón. También pueden alinearse en formación de escopeta, normalmente unos metros por detrás del centro. Los mariscales de campo pasan el balón a los receptores abiertos. Se revuelven para evitar las acometidas defensivas. A veces, simplemente pasan el balón al corredor.

LOS MEJORES MARISCALES DE CAMPO

ROGER STAUBACH

ROGER STAUBACH (1942–)
MARISCAL DE CAMPO
TEMPORADAS DE LOS DALLAS COWBOYS: 1969–79
CLASE DEL SALÓN DE LA FAMA: 1985
PREMIOS/HONORES: MIEMBRO DEL EQUIPO DEL CENTENARIO DE LA NFL, 6 VECES PRO BOWL, ALL-PRO, EQUIPO DE LA DÉCADA DE 1970 DE LA NFL, HOMBRE DEL AÑO DE LA NFL, 2 VECES CAMPEÓN DEL SUPER BOWL, JUGADOR MÁS VALIOSO DEL SUPER BOWL

Roger Staubach no siguió el camino habitual hacia el estrellato de la NFL. Lo cierto es que reunía las condiciones necesarias al salir de la universidad. En 1963, mientras jugaba en la Academia Naval de Estados Unidos, Staubach ganó el Trofeo Heisman. El premio se concede al mejor jugador de fútbol universitario de la temporada. Aun así, Staubach no fue elegido en el Draft de la NFL de 1964. Los graduados de la Academia Naval de EE. UU. tenían que cumplir cuatro años de servicio militar antes de poder jugar profesionalmente. Por ello, Staubach no fue elegido hasta la 10 ronda.

Staubach entró finalmente en la NFL en 1969 con los Dallas Cowboys. En sus dos primeras temporadas sólo jugó cuatro partidos como mariscal de campo. Fue nombrado titular en 1971. Los Cowboys lograron el Super Bowl VI (6) gracias a su habilidad en el scrambling y a su alto índice de pasador. Staubach fue nombrado MVP del Super Bowl y los Cowboys ganaron su primer título. Ese fue sólo el comienzo de la racha ganadora de los Cowboys. Staubach fue el mariscal de campo titular del equipo durante ocho temporadas. Los Cowboys llegaron seis veces al partido por el campeonato de la Conferencia Nacional de Fútbol Americano (NFC). Cuatro veces llegaron al Super Bowl. Dos veces fueron campeones.

Staubach recibió muchos apodos durante su carrera. Entre ellos estaban "Capitán América", "Capitán Regreso" y "Roger el Dodger". A él se le atribuyó en gran medida el pase "Ave María". En 1975, en un partido de desempate divisional de la NFC contra los Minnesota Vikings, Staubach lanzó un pase de touchdown de 50 yardas en los últimos segundos para conseguir la victoria. Señaló que rezó un "Ave María" cuando lanzó el balón.

LOS MEJORES MARISCALES DE CAMPO

Fran Tarkenton

CAMBIOS EN LA POSICIÓN

Las reglas han cambiado con el tiempo para proteger al mariscal de campo. Antes, los jugadores defensivos podían golpear al mariscal de campo de la cabeza a los pies. Hoy en día, un defensa no puede golpear al mariscal de campo en la cabeza ni placarle por debajo de las rodillas. Demasiados se lesionaban de esta manera. En 2008, Tom Brady, mariscal de campo de los New England Patriots, se lesionó la rodilla en el partido inaugural de la temporada con un golpe bajo. No jugó el resto de la temporada. La temporada siguiente, una nueva norma penalizó a los defensas por este tipo de golpes.

FRAN TARKENTON (1940–)
MARISCAL DE CAMPO
TEMPORADAS DE LOS MINNESOTA VIKINGS: 1961–66, 1972–78; LOS NEW YORK GIANTS: 1967–71
CLASE DEL SALÓN DE LA FAMA: 1986
PREMIOS/HONORES: 9 VECES PRO BOWL, 2 VECES ALL-PRO (1 VEZ PRIMER EQUIPO), JUGADOR MÁS VALIOSO DE LA NFL, JUGADOR OFENSIVO DEL AÑO DE LA NFL

FRAN TARKENTON

Apodado "The Scrambler", Fran Tarkenton utilizó su habilidad para huir de los defensas y convertirse en uno de los mejores pasadores del fútbol americano. Tarkenton era un maestro en mantener un ojo en los linieros que se acercaban y otro en el campo, buscando un receptor abierto. Corrió más de 3.600 yardas en su carrera. También lanzó más de 47.000 yardas y más de 340 touchdowns.

Tarkenton comenzó su carrera en los Minnesota Vikings en 1961. Jugó con ellos hasta 1967. En su primer partido (y en el de la franquicia), lanzó para cuatro touchdowns. También anotó un quinto en la victoria sobre los Chicago Bears. Tras cinco años en los New York Giants, Tarkenton regresó a los Vikings en 1972. Llevó a Minnesota a tres participaciones en el Super Bowl en un periodo de cuatro años. Pero el equipo perdió todas las veces. La mejor temporada de Tarkenton fue 1975. Los Vikings ganaron sus primeros 10 partidos de la temporada y terminaron con un récord de 12–2. Tarkenton lideró la liga con más partidos jugados. Tarkenton lideró la liga con 25 pases de touchdown. Fue nombrado Jugador Más Valioso de la NFL y Jugador Ofensivo del Año de la NFL. Pero los Vikings fueron víctimas del pase "Ave María" en las eliminatorias divisionales de la NFC. Poseía todos los récords de pases cuando se retiró tras la temporada de 1978.

En su segundo mandato con Minnesota, Tarkenton llevó a los Vikings a seis títulos de división en siete años. En total, fue seleccionado para jugar en nueve Pro Bowls.

LOS MEJORES MARISCALES DE CAMPO

JOE MONTANA

JOE MONTANA (1956–)
MARISCAL DE CAMPO
TEMPORADAS DE LOS SAN FRANCISCO 49ERS: 1979–92; LOS KANSAS CITY CHIEFS: 1993–94
CLASE DEL SALÓN DE LA FAMA: 2000
PREMIOS/HONORES: MIEMBRO DE LOS EQUIPOS DEL 75/100 ANIVERSARIO DE LA NFL, 8 VECES PRO BOWL, 5 VECES ALL-PRO (3 VECES PRIMER EQUIPO), EQUIPO DE LA DÉCADA DE 1980 DE LA NFL, 2 VECES JUGADOR MÁS VALIOSO DE LA NFL, JUGADOR OFENSIVO DEL AÑO DE LA NFL, 4 VECES CAMPEÓN DEL SUPER BOWL, 3 VECES MVP DEL SUPER BOWL

Los San Francisco 49ers fueron el equipo de la década de 1980. Ganaron cuatro Super Bowls en esa década. El mariscal de campo titular de cada uno de ellos fue Joe Montana. Fue seleccionado en tercera ronda por los 49ers en el Draft de la NFL de 1979. San Francisco ganó sólo dos partidos en su primera temporada. Montana se convirtió en el mariscal de campo titular a tiempo completo en 1981. Guió al equipo a 13 victorias y a su primer Super Bowl. "Joe Cool" se ganó su apodo por mantener la calma en los momentos más difíciles. Esa "frialdad" comenzó en la universidad, cuando Montana condujo a la Universidad de Notre Dame a un campeonato nacional. Y continuó en la NFL. Montana es uno de los dos únicos mariscales de campo que han ganado tanto un Super Bowl como un título nacional de fútbol universitario.

Montana fue el primer jugador en ganar tres premios MVP del Super Bowl. En 4 partidos del Super Bowl, lanzó 11 pases de touchdown. Y lo que es más impresionante, no lanzó ni una sola intercepción. Lanzó cinco pases de touchdown en su última aparición en el Super Bowl, una victoria por 55–10 sobre los Denver Broncos en el Super Bowl XXIV (24). La victoria por 45 puntos es el mayor margen de victoria en un Super Bowl.

Montana fue igual de genial en la temporada regular. Fue nombrado MVP de la NFL en 1989 y 1990. Fue seleccionado ocho veces para el Pro Bowl. Tres veces recibió honores del Primer Equipo All-Pro.

JOHN ELWAY

JOHN ELWAY (1960–)
MARISCAL DE CAMPO
TEMPORADAS DE LOS DENVER BRONCOS: 1983–98
CLASE DEL SALÓN DE LA FAMA: 2004
PREMIOS/HONORES: MIEMBRO DEL EQUIPO DEL CENTENARIO DE LA NFL, 9 VECES PRO BOWL, 3 VECES ALL-PRO, EQUIPO DE LA DÉCADA DE 1990 DE LA NFL, HOMBRE DEL AÑO DE LA NFL, JUGADOR MÁS VALIOSO DE LA NFL, 2 VECES CAMPEÓN DEL SUPER BOWL, MVP DEL SUPER BOWL

John Elway tuvo el final perfecto para una carrera en el Salón de la Fama. En su 16 y última temporada, llevó a los Denver Broncos a un récord de 14–2. Denver ganó su segundo Super Bowl consecutivo. Y Elway fue nombrado MVP del Super Bowl XXXIII (33) en el último partido de su carrera. Elway es el único jugador de la historia que ha sido nombrado MVP del Super Bowl en el último partido de su carrera.

Elway fue el número uno del Draft de la NFL de 1983. Los Baltimore Colts lo eligieron. Después lo traspasaron a Denver. Fue un traspaso que cambió para siempre la franquicia de Denver. En su cuarta temporada, Elway había llevado a Denver al Super Bowl. En el partido por el campeonato de la Conferencia de Fútbol Americano (AFC) de 1986, Elway lideró el "Drive". Fue un touchdown de 98 yardas que empató el partido contra los Cleveland Browns. Elway era conocido por sus remontadas. Tiene el récord de la NFL con 47 remontadas en el cuarto cuarto para ganar o empatar un partido, tanto en la temporada regular como en la postemporada.

Tuvieron que pasar 15 años para que Elway y Denver ganaran el esquivo título del Super Bowl. Tras fracasar en sus tres primeros intentos de ganar el Super Bowl, Elway llevó al equipo a la victoria. Denver venció a los Green Bay Packers por 31–24 en el Super Bowl XXXII (32). Elway fue el primer mariscal de campo en ser titular en cinco Super Bowls. En el momento de su retirada, había registrado el mayor número de victorias (149) de un mariscal de campo titular en la historia de la NFL.

DAN MARINO

DAN MARINO (1961–)
MARISCAL DE CAMPO
TEMPORADAS DE LOS MIAMI DOLPHINS: 1983–99
CLASE DEL SALÓN DE LA FAMA: 2004
PREMIOS/HONORES: MIEMBRO DEL EQUIPO DEL CENTENARIO DE LA NFL, 9 VECES PRO BOWL, 6 VECES ALL-PRO (3 VECES PRIMER EQUIPO), HOMBRE DEL AÑO DE LA NFL, JUGADOR MÁS VALIOSO DE LA NFL, JUGADOR OFENSIVO DEL AÑO DE LA NFL

Otro mariscal de campo del Draft de la NFL de 1983 que jugó toda su carrera en la NFL con un solo equipo fue Dan Marino. Mientras que John Elway fue el primer jugador seleccionado en ese draft, Marino esperó hasta la 27 selección para oír su nombre. Los Miami Dolphins se hicieron con él. Marino causó un gran impacto de inmediato. En 1984, apenas su segunda temporada en la liga, Marino se convirtió en el primer mariscal de campo de la historia en lanzar para más de 5.000 yardas en una temporada. Batió el récord de la NFL con 48 pases de touchdown. El récord anterior para una temporada era de 36. Los Dolphins ganaron 14 partidos en 1984 y llegaron al Super Bowl. Pero perdieron contra los San Francisco 49ers. Sería la única aparición en el Super Bowl de la carrera de Marino. Marino está considerado como uno de los mejores jugadores que nunca ha ganado un Super Bowl.

A pesar de la derrota en el Super Bowl, Marino siguió obteniendo números estelares. Cuatro veces más lideró la NFL en yardas de pase en una temporada. Otras dos veces lideró la liga en pases de touchdown. Cuando se retiró, Marino tenía el récord de la NFL en pases de touchdown (420) y yardas de pase (61.361).

Los Dolphins llegaron a las eliminatorias en 10 de las 17 temporadas de Marino. Fue seleccionado para jugar en nueve Pro Bowls. Seis veces fue nombrado Primer o Segundo Equipo All-Pro. Es el primer mariscal de campo en la historia de la NFL en tener al menos seis temporadas de pases de 4.000 yardas.

LOS MEJORES MARISCALES DE CAMPO

MIEMBROS DEL SALÓN DE LA FAMA DE LA NFL

STEVE YOUNG

STEVE YOUNG (1961–)
MARISCAL DE CAMPO
TEMPORADAS DE LOS TAMPA BAY BUCCANEERS: 1985–86; LOS SAN FRANCISCO 49ERS: 1987–99
CLASE DEL SALÓN DE LA FAMA: 2005
PREMIOS/HONORES: 7 VECES PRO BOWL, 6 VECES ALL-PRO (3 VECES PRIMER EQUIPO), 2 VECES JUGADOR MÁS VALIOSO DE LA NFL, JUGADOR OFENSIVO DEL AÑO DE LA NFL, 3 VECES CAMPEÓN DEL SUPER BOWL, MVP DEL SUPER BOWL

Steve Young tuvo un camino inusual para convertirse en un mariscal de campo estrella. Comenzó su carrera profesional jugando en una liga diferente, la Liga EE. UU. de Fútbol Americano (USFL). Young jugó dos temporadas en el Los Angeles Express. Cuando se disolvió la USFL, Young se pasó a la NFL. Comenzó su carrera en la NFL con los Tampa Bay Buccaneers. Fue titular en 19 partidos durante dos temporadas. Tampa Bay sólo ganó cuatro partidos durante ese tiempo. Young fue traspasado a los San Francisco 49ers. Allí fue suplente del futuro miembro del Salón de la Fama Joe Montana durante cuatro temporadas. Montana se lesionó en 1991, lo que permitió a Young ser el titular.

Con Young, los 49ers ganaron 14 partidos en 1992. Young lideró la NFL en varias categorías, incluyendo el índice de pasador y los pases de touchdown. Fue nombrado MVP de la NFL. También lideró la NFL en pases de touchdown en las dos temporadas siguientes. Repitió como MVP de la NFL en 1994. Los 49ers ganaron 13 partidos y llegaron al Super Bowl XXIX (29). San Francisco destrozó a los San Diego Chargers, 49–26. Young estableció un récord en el Super Bowl con seis pases de touchdown. Fue nombrado MVP del Super Bowl.

Young fue uno de los pasadores más precisos de la historia de la NFL. Lideró la liga en porcentaje de pases completados en cinco ocasiones. Cuatro veces lideró la liga en pases de touchdown. Young es uno de los dos únicos mariscales de campo zurdos en el Salón de la Fama. El otro es Ken Stabler, que jugó de 1970 a 1984.

BRETT FAVRE

BRETT FAVRE (1969–)
MARISCAL DE CAMPO
TEMPORADA DE LOS ATLANTA FALCONS: 1991; LOS GREEN BAY PACKERS: 1992–2007; LOS NEW YORK JETS: 2008; LOS MINNESOTA VIKINGS: 2009–10
CLASE DEL SALÓN DE LA FAMA: 2016
PREMIOS/HONORES: MIEMBRO DEL EQUIPO DEL CENTENARIO DE LA NFL, 11 VECES PRO BOWL, 6 VECES ALL-PRO (3 VECES PRIMER EQUIPO), EQUIPO DE LA DÉCADA DE 1990 DE LA NFL, 3 VECES JUGADOR MÁS VALIOSO DE LA NFL, JUGADOR OFENSIVO DEL AÑO DE LA NFL, CAMPEÓN DEL SUPER BOWL

Brett Favre no tuvo el mejor comienzo de su carrera en el Salón de la Fama. Fue seleccionado por los Atlanta Falcons en la segunda ronda del Draft de la NFL de 1991. Sólo lanzó cuatro pases en 1991. Dos de ellos fueron interceptados. El primero fue devuelto para touchdown. Favre fue traspasado a los Green Bay Packers la temporada siguiente. En 1992, salió del banquillo para llevar a los Packers a una victoria por la mínima. Fue titular en el siguiente partido. Y fue titular en todos los demás partidos hasta los 13 de la temporada 2010. Esa racha récord de la NFL duró 297 partidos (321, incluidas las eliminatorias). En el momento de su retirada, Favre ostentaba todos los récords de pases, incluidas las yardas de pase (71.838) y los pases de touchdown (508).

Favre llevó a los Packers a las eliminatorias en su segunda temporada en Green Bay. En 1995, ganó el primero de sus tres premios consecutivos al Jugador Más Valioso de la NFL. Es el único jugador que ha ganado tres MVP consecutivos. En 1996, los Packers ganaron 13 partidos y llegaron al Super Bowl XXXI (31). Favre lanzó para dos touchdowns y corrió para otro en la victoria del equipo por 35–21 sobre los New England Patriots. La temporada siguiente llevó a los Packers de nuevo al Super Bowl. Pero perdieron contra los Denver Broncos.

Favre terminó su carrera con los New York Jets y los Minnesota Vikings. Tuvo una de sus mejores temporadas en 2009 con Minnesota. Consiguió 33 pases de touchdown y sólo lanzó 7 intercepciones.

LOS MEJORES MARISCALES DE CAMPO

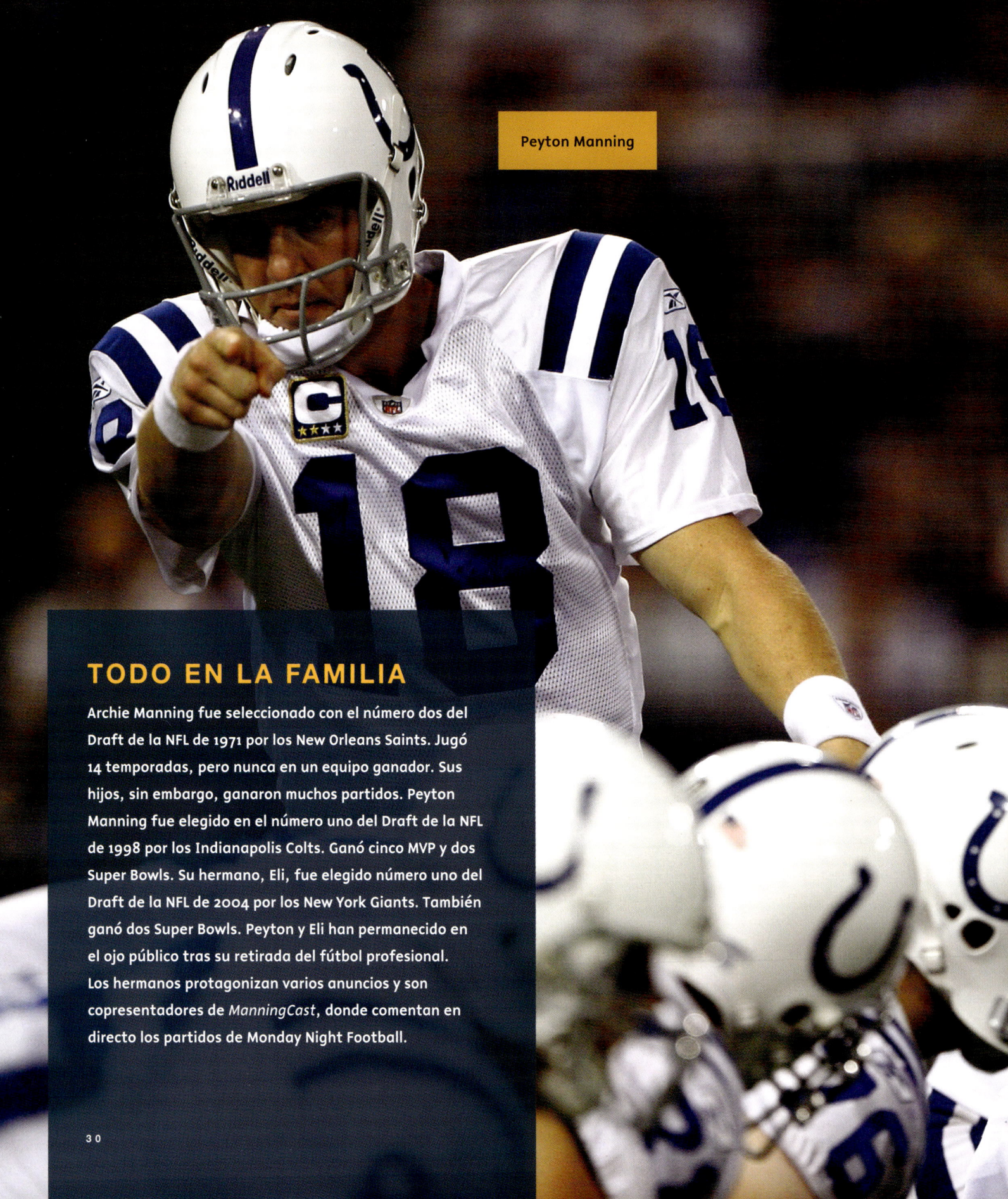

Peyton Manning

TODO EN LA FAMILIA

Archie Manning fue seleccionado con el número dos del Draft de la NFL de 1971 por los New Orleans Saints. Jugó 14 temporadas, pero nunca en un equipo ganador. Sus hijos, sin embargo, ganaron muchos partidos. Peyton Manning fue elegido en el número uno del Draft de la NFL de 1998 por los Indianapolis Colts. Ganó cinco MVP y dos Super Bowls. Su hermano, Eli, fue elegido número uno del Draft de la NFL de 2004 por los New York Giants. También ganó dos Super Bowls. Peyton y Eli han permanecido en el ojo público tras su retirada del fútbol profesional. Los hermanos protagonizan varios anuncios y son copresentadores de *ManningCast*, donde comentan en directo los partidos de Monday Night Football.

PEYTON MANNING

PEYTON MANNING (1976–)
MARISCAL DE CAMPO
TEMPORADAS DE LOS INDIANAPOLIS COLTS: 1998–2011; LOS DENVER BRONCOS: 2012–15
CLASE DEL SALÓN DE LA FAMA: 2021
PREMIOS/HONORES: MIEMBRO DEL EQUIPO DEL CENTENARIO DE LA NFL, 14 VECES PRO BOWL, 10 VECES ALL-PRO (7 VECES PRIMER EQUIPO), EQUIPO DE LA DÉCADA DE 2000 DE LA NFL, HOMBRE DEL AÑO DE LA NFL, 5 VECES JUGADOR MÁS VALIOSO DE LA NFL, 2 VECES JUGADOR OFENSIVO DEL AÑO DE LA NFL, 2 VECES CAMPEÓN DEL SUPER BOWL, MVP DEL SUPER BOWL

A lo largo de sus 18 años de carrera en la NFL, Peyton Manning batió récords. Esos récords comenzaron en su temporada de novato. Los Indianapolis Colts seleccionaron a Manning en la primera posición del Draft de la NFL de 1998. El equipo sólo ganó tres partidos ese año. Sin embargo, Manning batió los récords de la NFL en yardas de pase y pases de touchdown. A partir de ahí, su estrellato no hizo más que crecer. Los Colts llegaron a 13 victorias en 1999. Manning obtuvo la primera de sus 14 nominaciones al Pro Bowl. En 2003, recibió el primero de sus cinco premios al Jugador Más Valioso de la NFL, récord de la NFL. La temporada siguiente estableció un récord de la NFL con 49 pases de touchdown. Volvió a batir ese récord en 2013 con 55 mientras jugaba para los Denver Broncos. Ese año, estableció un récord de la NFL de yardas de pase en una temporada con 5.477.

En las 13 temporadas de Manning como mariscal de campo titular, los Colts llegaron 11 veces a las eliminatorias. Ocho veces los Colts ganaron su división. Dos veces los Colts llegaron al Super Bowl con un campeonato. Manning fue nombrado MVP del Super Bowl XLI (41) tras la temporada 2006. Tras perderse 2011 por una lesión en el cuello, fichó por Denver en 2012. Allí siguió ganando. Los Broncos ganaron títulos de división en las cuatro temporadas. Los Broncos llegaron a dos Super Bowls, incluida una victoria en el Super Bowl 50.

MIEMBROS DEL SALÓN DE LA FAMA DE LA NFL

ÍNDICE

Atlanta Falcons, los, 28
Baltimore Colts, los, 14, 23
Baugh, Sammy, 10
Brady, Tom, 18
cambios en la posición, 18
campeonato de la
 Conferencia de Fútbol
 Americano (AFC), 23
campeonato de la
 Conferencia Nacional
 de Fútbol Americano
 (NFC), 16
Chicago Bears, los, 10, 19
Cincinnati Bengals, los, 8
Cleveland Browns, los, 13, 23
Conferencia All-América
 de Fútbol Americano
 (AAFC), 13
Dallas Cowboys, los, 16
Denver Broncos, los, 20, 23,
 28, 31
Draft de la NFL, 14, 16, 20,
 23, 24, 28, 30, 31
"El mejor partido jamás
 jugado", 14
Elway, John, 23, 24
Favre, Brett, 28
funciones del mariscal de
 campo, 8, 15

Graham, Otto, 13
Green Bay Packers, los, 23,
 28
Indianapolis Colts, los, 30, 31
intercepciones, 10, 20, 28
Jugador Más Valioso de la
 NFL, 14, 19, 20, 27, 28,
 30, 31
Jugador Ofensivo del Año de
 la NFL, 19
Liga EE. UU. de Fútbol
 Americano (USFL), 27
Liga Nacional de Baloncesto
 (NBL), 13
Manning, Archie, 30
Manning, Eli, 30
Manning, Peyton, 30, 31
Marino, Dan, 24
Miami Dolphins, los, 24
Minnesota Vikings, los, 16,
 19, 28
Montana, Joe, 8, 20, 27
MVP del Super Bowl, 16, 20,
 23, 27, 31
New England Patriots, los,
 18, 28
New Orleans Saints, los, 30
New York Giants, los, 14,
 19, 30

New York Jets, los, 28
pase "Ave María", 16, 19
Pittsburgh Steelers, los, 14
San Diego Chargers, los, 27
San Francisco 49ers, los, 8,
 20, 24, 27
Stabler, Ken, 27
Staubach, Roger, 16
Super Bowl, 8, 13, 16, 19, 20,
 23, 24, 27, 28, 30, 31
Tampa Bay Buccaneers,
 los, 27
Tarkenton, Fran, 19
Taylor, John, 8
Trofeo Heisman, 16
Unitas, Johnny, 14
Washington Redskins, los,
 10
Young, Steve, 27
zurdo, 27